Vorwort

Zeit zum Grillen und Genießen. Die warme Jahreszeit ist angebrochen, ideal für Outdoor Gerichte, Sommer Partys und Genuss. Mit den Rezepten aus diesem Buch gelingt alles schnell und einfach. Dieses Buch beinhaltet sowohl Rezepte zum Grillen, als auch fruchtige Erfrischungs-Rezepte.

Inhaltsangabe

Vorwort

Grillsaucen

Süße Habanero Sauce
Grüne Paprika Sauce
Aprikosen Zwiebel Sauce
Erdbeere Balsamico Sauce
Basilikum Sauce
Himbeere Balsamico Sauce
Paprika Mais Sauce
Avocado Sauce
Knoblauch Sauce
BBQ Sauce
Apfel Zwiebelsauce
Pflaumen Sauce
Honig Senf Sauce
Pfeffersauce

Dips

Thunfisch Dip
Aioli
Bärlauch Dip

Faltenbrot
Petersilien Pinienkerne Faltenbrot
Avocado Basilikum Faltenbrot
Zitronenmelisse Parmesan Faltenbrot
Karotten Pesto Faltenbrot
Rucola Mandel Faltenbrot
Walnuss Parmesan Faltenbrot
Pistazien Basilikum Faltenbrot
Rosmarin Schafskäse Faltenbrot
Kürbiskern Käse Faltenbrot
Cashew Butter Faltenbrot
Röstzwiebel Frischkäse Faltenbrot
Oliven Faltenbrot
Sesam Minze Faltenbrot
Sardellen Faltenbrot
Schafskäse Thymian Faltenbrot
Zucker Zimt Faltenbrot
Vanille Butter Faltenbrot
Marzipan Rosinen Faltenbrot
Schokobutter Faltenbrot
Erdnussbutter Bananen Faltenbrot

Getränke

Limonaden
Erdbeer Weintrauben Limonade
Coole Beeren Limonade
Kirsch Chili Limonade
Zitronen Ingwer Marmelade

Himbeer Limonade
Holunderlimonade
Indianische Ingwerlimonade
Apfel Bananen Limonade
Erdbeer Pfeffer Limonade
Blaubeere Zimt Pfeffer Limonade
Minze Limonade
Brombeere Limonade
Orangen Kirsche Limonade
Blaubeere Limonade

Sommergetränke
Ananasbowle
Erdbeere Bananen Bowle
Karotten Orangen Drink
Gurken Pfefferminz Drink
Bananen Pfirsich Drink
Melonen Limetten Drink

Sorbets
Melonen Sorbet
Erdbeer Himbeer Sorbet
Grapefruitsorbet
Rote Johannisbeere Sorbet
Orangen Sorbet

Nachtrag zum Impressum

Copyright / Quellcode/ Photos

Grillsaucen

Süße Habanero Sauce

Zutaten
60 g Habanero Chili, entkernt
1 rote Paprikaschote
1 gelbe Paprikaschote
1 Tomate
240 g Weißweinessig
1 TL Salz
2 EL Zucker

Zubereitung
Alle Zutaten in den Mixtopf geben. Auf Stufe 5 / 20
Sekunden mischen. Auf Stufe 2/ 100 Grad/ 15 Minuten
kochen. In saubere Gläser füllen und im Kühlschrank
aufbewahren.

Grüne Paprika Sauce

Zutaten
Schoten von 3 grünen Paprikas
200 g Weißweinessig
1 TL Salz
2 EL Zucker
2 Knoblauchzehen zerdrückt

Zubereitung
Alle Zutaten in den Mixtopf geben. Auf Stufe 5 / 20
Sekunden mischen. Auf Stufe 2/ 100 Grad/ 15 Minuten
kochen. In saubere Gläser füllen und im Kühlschrank
aufbewahren.

Zwiebel Aprikosen Sauce

Zutaten
5 Zwiebeln geschält und in
Stücken mit 3 EL Öl
3 Minuten/ 100 Grad/ Stufe 2
andünsten
240 g Weißweinessig
100 g Aprikosenmarmelade
1 Prise Pfeffer
2 EL Zucker

Zubereitung

Alle Zutaten in den Mixtopf geben. Auf Stufe 5 / 20 Sekunden mischen. Auf Stufe 2/ 100 Grad/ 15 Minuten kochen. In saubere Gläser füllen und im Kühlschrank aufbewahren.

Erdbeere Balsamico Sauce

Zutaten
500 g Erdbeeren
1 TL Tomatenmark
120 g Balsamico dunkel
2 EL Zucker
1 Prise Salz

Zubereitung
Alle Zutaten in den Mixtopf geben. Auf Stufe 5 / 20 Sekunden mischen. Auf Stufe 2/ 100 Grad/ 17 Minuten kochen. In saubere Gläser füllen und im Kühlschrank aufbewahren.

Basilikum Sauce

Zutaten
200 g Basilikum frisch
400 g Tomaten
200 g Weißweinessig
2 EL Tomatenmark
1 TL Salz
2 EL Zucker
2 zerdrückte Knoblauchzehen

Zubereitung
Alle Zutaten in den Mixtopf geben. Auf Stufe 5 / 20
Sekunden mischen. Auf Stufe 2/ 100 Grad/ 18 Minuten
kochen. In saubere Gläser füllen und im Kühlschrank
aufbewahren.

Himbeere Balsamico Sauce

Zutaten
500 g Himbeeren
1 TL Tomatenmark
120 g Balsamico dunkel
2 EL Zucker
1 Prise Salz

Zubereitung
Alle Zutaten in den Mixtopf geben. Auf Stufe 5 / 20
Sekunden mischen. Auf Stufe 2/ 100 Grad/ 17 Minuten
kochen. In saubere Gläser füllen und im Kühlschrank
aufbewahren.

Paprika Mais Sauce

Zutaten
500 g Paprika
1 Dose Mais abgetropft
1 TL Tomatenmark
200 g Weinessig
2 zerdrückte Knoblauchzehen
2 EL Zucker
1 Prise Salz

Zubereitung
Alle Zutaten in den Mixtopf geben. Auf Stufe 5 / 20
Sekunden mischen. Auf Stufe 2/ 100 Grad/ 17 Minuten
kochen. In saubere Gläser füllen und im Kühlschrank
aufbewahren.

Avocado Sauce

Zutaten
2 Avocados
4 Knoblauchzehen
zerdrückt
40 g Olivenöl
1 TL Salz
1 Becher Creme fraiche
1 Prise Pfeffer schwarz
1 Lauchzwiebel in Stücken

Zubereitung
Alle Zutaten in den Mixtopf geben. Auf Stufe 5 / 45
Sekunden mischen. In saubere Gläser füllen und im
Kühlschrank aufbewahren.

Knoblauch Sauce

Zutaten
1 Glas Mayonnaise
4 zerdrückte Knoblauchzehen
1 TL Petersilie
½ TL Salz

Zubereitung
Alle Zutaten in den Mixtopf geben. Auf Stufe 5 / 50 Sekunden mischen. In saubere Gläser füllen und im Kühlschrank aufbewahren.

Curry Sauce

Zutaten
1 Glas Mayonnaise
1 zerdrückte Knoblauchzehe
1 TL Petersilie
1 EL Curry
1 EL Zucker
½ TL Salz

Zubereitung
Alle Zutaten in den Mixtopf geben. Auf Stufe 5 / 50
Sekunden mischen. In saubere Gläser füllen und im
Kühlschrank aufbewahren.

BBQ Sauce

Zutaten
2 Tuben Tomatenmark
500 g Wasser
2 EL Flüssigrauch
200 g Weinessig
2 EL Zucker
1 Prise Salz
1 Prise schwarzer Pfeffer
1 EL Honig

Zubereitung
Alle Zutaten in den Mixtopf geben. Auf Stufe 5 / 20 Sekunden mischen. Auf Stufe 2/ 100 Grad/ 17 Minuten kochen. In saubere Gläser füllen und im Kühlschrank aufbewahren.

Apfel Zwiebel Sauce

Zutaten
5 Zwiebeln geschält und in
Stücken mit 3 EL Öl
3 Minuten/ 100 Grad/ Stufe 2
andünsten
240 g Weißweinessig
500 g Apfelmus
1 Prise Pfeffer
2 EL Zucker

Zubereitung
Alle Zutaten in den Mixtopf geben. Auf Stufe 5 / 20
Sekunden mischen. Auf Stufe 2/ 100 Grad/ 20 Minuten
kochen. In saubere Gläser füllen und im Kühlschrank
aufbewahren.

Pflaumen Sauce

Zutaten
500 g Pflaumen entsteint
240 g Weißweinessig
2 EL Senf
1 Prise Pfeffer
1 TL Zucker
1 Prise Muskat
1 zerdrückte Knoblauzehe

Zubereitung
Alle Zutaten in den Mixtopf geben. Auf Stufe 5 / 20
Sekunden mischen. Auf Stufe 2/ 100 Grad/ 15 Minuten
kochen. In saubere Gläser füllen und im Kühlschrank
aufbewahren.

Honig Senf Sauce

Zutaten
1 Glas Mayonnaise
50 g Honig
50 g Senf mittelscharf
1 EL Zucker
½ TL Salz

Zubereitung
Alle Zutaten in den Mixtopf geben. Auf Stufe 5 / 50
Sekunden mischen. In saubere Gläser füllen und im
Kühlschrank aufbewahren.

Pfeffer Sauce

Zutaten
1 Glas Mayonnaise
1 TL Petersilie
1 EL eingelegte Pfefferkörner
½ TL Salz

Zubereitung
Alle Zutaten in den Mixtopf geben. Auf Stufe 5 / 50
Sekunden mischen. In saubere Gläser füllen und im
Kühlschrank aufbewahren.

Dips

Thunfisch Dip

Zutaten
1 Dose Thunfisch in Öl, abgetropft
1 Pck. Frischkäse
1 Knoblauchzehe
½ TL Salz
1 Prise Pfeffer
1 Essiggurke

Zubereitung
Alle Zutaten in den Mixtopf einwiegen. Auf Stufe 5 / 30
Sekunden mischen. Umfüllen und genießen.

Ailoli

Zutaten
2 Knoblauchzehen
1 Prise Salz
1 Prise Pfeffer
1 Glas Mayonnaise

Zubereitung
Die geschälten Knoblauchzehen in den Mixtopf geben
und 5 Sekunden / Stufe 10. Die übrigen Zutaten
einwiegen und 30 Sekunden / Stufe 5. Kühl aufbewahren.

Bärlauch Dip

Zutaten
1 Bund Bärlauch
1 Prise Salz
1 Prise Pfeffer
1 Becher Frischkäse
1 Becher Schmand

Zubereitung
Den Bärlauch in den Mixtopf geben und 5 Sekunden /
Stufe 10. Die übrigen Zutaten einwiegen und 30
Sekunden / Stufe 5. Kühl aufbewahren.

Petersilien Pinienkerne Faltenbrot

Zutaten

Teig
300 ml Wasser, lauwarm
1 TL Zucker
1 Würfel Hefe
2 TL Salz
40 g Öl
600 g Mehl

Füllung
½ Bund Petersilie, gehackt
100 g Pinienkerne, gehackt
50 g Mandeln, blättrig
2 Knoblauchzehen, gepresst
120 g Olivenöl
1 TL Salz
½ TL Pfeffer, schwarz

Zubereitung

Wasser, Zucker und Hefe in den Mixtopf geben und 15 Sekunden Stufe 5. Nun die übrigen Teigzutaten hinzugeben und 2 Minuten auf Knetstufe vermengen.

Den Teig ausrollen und in ca. 4 cm dicke Streifen schneiden.

Die Zutaten für die Füllung miteinander vermengen und auf den Teig streichen. Wie eine Ziehharmonika zusammen falten und Streifen für Streifen nebeneinander in eine Auflaufform drapieren. Eine halbe Stunde gehen lassen. Den Backofen auf 200 Grad Ober- und Unterhitze vorheizen. Das Brot ca. 30 Minuten backen. Guten Appetit!

Avocado Basilikum Faltenbrot

Zutaten

Teig
300 ml Wasser, lauwarm
1 TL Zucker
1 Würfel Hefe
2 TL Salz
40 g Öl
600 g Mehl

Füllung
Fleisch von 2 Avocados
1 Becker Creme fraiche
½ TL Salz
1 Knoblauchzehe, gepresst
1 TL Basilikum, getrocknet

Zubereitung
Wasser, Zucker und Hefe in den Mixtopf geben und 15 Sekunden Stufe 5. Nun die übrigen Teigzutaten hinzugeben und 2 Minuten auf Knetstufe vermengen.

Den Teig ausrollen und in ca. 4 cm dicke Streifen schneiden.

Die Zutaten für die Füllung miteinander vermengen und auf den Teig streichen. Wie eine Ziehharmonika zusammen falten und Streifen für Streifen nebeneinander in eine Auflaufform drapieren. Eine halbe Stunde gehen lassen. Den Backofen auf 200 Grad Ober- und Unterhitze vorheizen. Das Brot ca. 30 Minuten backen. Guten Appetit!

Zitronemelissen Parmesan Faltenbrot

Zutaten

Teig
300 ml Wasser, lauwarm
1 TL Zucker
1 Würfel Hefe
2 TL Salz
40 g Öl
600 g Mehl

Füllung
1 Bund Zitronemelisse, gehackt
100 g Parmesan, zerkleinert
3 EL Zitronensaft
1 EL Zucker
100 g Olivenöl
½ TL Salz
etwas Pfeffer aus der Mühle, schwarz

Zubereitung
Wasser, Zucker und Hefe in den Mixtopf geben und 15
Sekunden Stufe 5. Nun die übrigen Teigzutaten
hinzugeben und 2 Minuten auf Knetstufe vermengen.

Den Teig ausrollen und in ca. 4 cm dicke Streifen
schneiden.

Die Zutaten für die Füllung miteinander vermengen und auf den Teig streichen. Wie eine Ziehharmonika zusammen falten und Streifen für Streifen nebeneinander in eine Auflaufform drapieren. Eine halbe Stunde gehen lassen. Den Backofen auf 200 Grad Ober- und Unterhitze vorheizen. Das Brot ca. 30 Minuten backen. Guten Appetit!

Karotten Pesto Faltenbrot

Zutaten

Teig
300 ml Wasser, lauwarm
1 TL Zucker
1 Würfel Hefe
2 TL Salz
40 g Öl
600 g Mehl

Füllung
3 Karotten (in den Mixtopf geben und
ca. 3 Sekunden auf Stufe 4,5)
100 g Erdnüsse
100 g Parmesan
150 g Butter
2 Knoblauchzehen, gepresst
½ TL Salz
1 TL Zucker
etwas Pfeffer aus der Mühle, schwarz
½ TL Chili
(alles in den Mixtopf geben und 10 Sekunden Stufe 5)

Zubereitung
Wasser, Zucker und Hefe in den Mixtopf geben und 15
Sekunden Stufe 5. Nun die übrigen Teigzutaten
hinzugeben und 2 Minuten auf Knetstufe vermengen.

Den Teig ausrollen und in ca. 4 cm dicke Streifen
schneiden.

36

Die Zutaten für die Füllung miteinander vermengen und auf den Teig streichen. Wie eine Ziehharmonika zusammen falten und Streifen für Streifen nebeneinander in eine Auflaufform drapieren. Eine halbe Stunde gehen lassen. Den Backofen auf 200 Grad Ober- und Unterhitze vorheizen. Das Brot ca. 30 Minuten backen. Guten Appetit!

Rucola Mandel Faltenbrot

Zutaten

Teig
300 ml Wasser, lauwarm
1 TL Zucker
1 Würfel Hefe
2 TL Salz
40 g Öl
600 g Mehl

Füllung
1 Bund Rucola, gehackt
100 g Mandeln, gestiftet
100 g Olivenöl
1 TL Salz
50 g Schmalz
etwas Pfeffer aus der Mühle, schwarz

Zubereitung
Wasser, Zucker und Hefe in den Mixtopf geben und 15 Sekunden Stufe 5. Nun die übrigen Teigzutaten hinzugeben und 2 Minuten auf Knetstufe vermengen.

Den Teig ausrollen und in ca 4 cm dicke Streifen schneiden.

Die Zutaten für die Füllung miteinander vermengen und auf den Teig streichen. Wie eine Ziehharmonika zusammen falten und Streifen für Streifen nebeneinander in eine Auflaufform drapieren. Eine halbe Stunde gehen lassen. Den Backofen auf 200 Grad Ober- und Unterhitze vorheizen. Das Brot ca. 30 Minuten backen. Guten Appetit!

Walnuss Parmesan Faltenbrot

Zutaten

Teig
300 ml Wasser, lauwarm
1 TL Zucker
1 Würfel Hefe
2 TL Salz
40 g Öl
600 g Mehl

Füllung
100 g Walnüsse, gehackt
100 g Parmesan, gehobelt
1 Prise Muskatnuss
½ TL Fenchelsamen
100 g Olivenöl
½ TL Salz
etwas Pfeffer aus der Mühle, schwarz

Zubereitung
Wasser, Zucker und Hefe in den Mixtopf geben und 15
Sekunden Stufe 5. Nun die übrigen Teigzutaten
hinzugeben und 2 Minuten auf Knetstufe vermengen.

Den Teig ausrollen und in ca. 4 cm dicke Streifen schneiden.

Die Zutaten für die Füllung miteinander vermengen und auf den Teig streichen. Wie eine Ziehharmonika zusammen falten und Streifen für Streifen nebeneinander in eine Auflaufform drapieren. Eine halbe Stunde gehen lassen. Den Backofen auf 200 Grad Ober- und Unterhitze vorheizen. Das Brot ca. 30 Minuten backen. Guten Appetit!

Pistazien Basilikum Faltenbrot

Zutaten

Teig
300 ml Wasser, lauwarm
1 TL Zucker
1 Würfel Hefe
2 TL Salz
40 g Öl
600 g Mehl

Füllung
150 g Pistazien, gehackt
1 Bund Basilikum, gehackt
150 g Butter, weich
2 Knoblauchzehen, gepresst
1 TL Salz
½ TL Pfeffer, schwarz

Zubereitung
Wasser, Zucker und Hefe in den Mixtopf geben und 15 Sekunden Stufe 5. Nun die übrigen Teigzutaten hinzugeben und 2 Minuten auf Knetstufe vermengen.

Den Teig ausrollen und in ca. 4 cm dicke Streifen schneiden.

Die Zutaten für die Füllung miteinander vermengen und auf den Teig streichen. Wie eine Ziehharmonika zusammen falten und Streifen für Streifen nebeneinander in eine Auflaufform drapieren. Eine halbe Stunde gehen lassen. Den Backofen auf 200 Grad Ober- und Unterhitze vorheizen. Das Brot ca. 30 Minuten backen. Guten Appetit!

Rosmarien Schafskäse Faltenbrot

Zutaten

Teig
300 ml Wasser, lauwarm
1 TL Zucker
1 Würfel Hefe
2 TL Salz
40 g Öl
600 g Mehl

Füllung
150 g Schafskäse, gehackt
1 EL Rosmarinnadeln, frisch
10 g Olivenöl
½ TL Salz
etwas Pfeffer aus der Mühle, schwarz

Zubereitung
Wasser, Zucker und Hefe in den Mixtopf geben und 15 Sekunden Stufe 5. Nun die übrigen Teigzutaten hinzugeben und 2 Minuten auf Knetstufe vermengen.

Den Teig ausrollen und in ca. 4 cm dicke Streifen schneiden.

Die Zutaten für die Füllung miteinander vermengen und auf den Teig streichen. Wie eine Ziehharmonika zusammen falten und Streifen für Streifen nebeneinander in eine Auflaufform drapieren. Eine halbe Stunde gehen lassen. Den Backofen auf 200 Grad Ober- und Unterhitze vorheizen. Das Brot ca. 30 Minuten backen. Guten Appetit!

Kürbiskern Käse Faltenbrot

Zutaten

Teig
300 ml Wasser, lauwarm
1 TL Zucker
1 Würfel Hefe
2 TL Salz
40 g Öl
600 g Mehl

Füllung
2 Becher Schmand
100 g Käse, gerieben
100 g Kürbiskerne
½ TL Salz
2 Knoblauchzehen, gepresst
1 TL Kümmel
etwas Pfeffer aus der Mühle, schwarz

Zubereitung
Wasser, Zucker und Hefe in den Mixtopf geben und 15
Sekunden Stufe 5. Nun die übrigen Teigzutaten
hinzugeben und 2 Minuten auf Knetstufe vermengen.

Den Teig ausrollen und in ca. 4 cm dicke Streifen schneiden.

Die Zutaten für die Füllung miteinander vermengen und auf den Teig streichen. Wie eine Ziehharmonika zusammen falten und Streifen für Streifen nebeneinander in eine Auflaufform drapieren. Eine halbe Stunde gehen lassen. Den Backofen auf 200 Grad Ober- und Unterhitze vorheizen. Das Brot ca. 30 Minuten backen. Guten Appetit!

Cashew Butter Faltenbrot

Zutaten

Teig
300 ml Wasser, lauwarm
1 TL Zucker
1 Würfel Hefe
2 TL Salz
40 g Öl
600 g Mehl

Füllung
150 g Cashew Kerne, gehackt
150 g Butter, weich
1 TL Zucker
½ TL Salz
etwas Pfeffer aus der Mühle, schwarz

Zubereitung
Wasser, Zucker und Hefe in den Mixtopf geben und 15
Sekunden Stufe 5. Nun die übrigen Teigzutaten
hinzugeben und 2 Minuten auf Knetstufe vermengen.

Den Teig ausrollen und in ca. 4 cm dicke Streifen
schneiden.

Die Zutaten für die Füllung miteinander vermengen und auf den Teig streichen. Wie eine Ziehharmonika zusammen falten und Streifen für Streifen nebeneinander in eine Auflaufform drapieren. Eine halbe Stunde gehen lassen. Den Backofen auf 200 Grad Ober- und Unterhitze vorheizen. Das Brot ca. 30 Minuten backen. Guten Appetit!

Röstzwiebel Frischkäse Faltenbrot

Zutaten

Teig
300 ml Wasser, lauwarm
1 TL Zucker
1 Würfel Hefe
2 TL Salz
40 g Öl
600 g Mehl

Füllung
2 Frischkäse
100 g Käse, gerieben
100 g Röstzwiebeln
½ TL Salz
etwas Pfeffer aus der Mühle, schwarz

Zubereitung
Wasser, Zucker und Hefe in den Mixtopf geben und 15 Sekunden Stufe 5. Nun die übrigen Teigzutaten hinzugeben und 2 Minuten auf Knetstufe vermengen.

Den Teig ausrollen und in ca. 4 cm dicke Streifen schneiden.

Die Zutaten für die Füllung miteinander vermengen und auf den Teig streichen. Wie eine Ziehharmonika zusammen falten und Streifen für Streifen nebeneinander in eine Auflaufform drapieren. Eine halbe Stunde gehen lassen. Den Backofen auf 200 Grad Ober- und Unterhitze vorheizen. Das Brot ca. 30 Minuten backen. Guten Appetit!

Oliven Faltenbrot

Zutaten

Teig
300 ml Wasser, lauwarm
1 TL Zucker
1 Würfel Hefe
2 TL Salz
40 g Öl
600 g Mehl

Füllung
100 g schwarze Oliven, gehackt
3 Knoblauchzehen, gepresst
1 TL Salz
150 g Schmalz
½ TL Pfeffer, schwarz

Zubereitung
Wasser, Zucker und Hefe in den Mixtopf geben und 15 Sekunden Stufe 5. Nun die übrigen Teigzutaten hinzugeben und 2 Minuten auf Knetstufe vermengen.

Den Teig ausrollen und in ca. 4 cm dicke Streifen schneiden.

Die Zutaten für die Füllung miteinander vermengen und auf den Teig streichen. Wie eine Ziehharmonika zusammen falten und Streifen für Streifen nebeneinander in eine Auflaufform drapieren. Eine halbe Stunde gehen lassen. Den Backofen auf 200 Grad Ober- und Unterhitze vorheizen. Das Brot ca. 30 Minuten backen. Guten Appetit!

Sesam Minze Faltenbrot

Zutaten

Teig
300 ml Wasser, lauwarm
1 TL Zucker
1 Würfel Hefe
2 TL Salz
40 g Öl
600 g Mehl

Füllung
50 g Sesam
1 Bund Minze, gehackt
150 g Butter, weich
100 g Parmesan, gerieben
50 g Mandeln, gehackt
2 EL Zitronensaft
½ TL Salz
etwas Pfeffer aus der Mühle, schwarz

Zubereitung
Wasser, Zucker und Hefe in den Mixtopf geben und 15
Sekunden Stufe 5. Nun die übrigen Teigzutaten
hinzugeben und 2 Minuten auf Knetstufe vermengen.

Den Teig ausrollen und in ca. 4 cm dicke Streifen
schneiden.

Die Zutaten für die Füllung miteinander vermengen und
auf den Teig streichen. Wie eine Ziehharmonika
zusammen falten und Streifen für Streifen nebeneinander
in eine Auflaufform drapieren. Eine halbe Stunde gehen
lassen. Den Backofen auf 200 Grad Ober- und Unterhitze
vorheizen. Das Brot ca. 30 Minuten backen. Guten
Appetit!

Sardellen Faltenbrot

Zutaten

Teig
300 ml Wasser, lauwarm
1 TL Zucker
1 Würfel Hefe
2 TL Salz
40 g Öl
600 g Mehl

Füllung
1 kleines Gläschen Sardellen, abgetropft
150 g Butter, weich
1 Knoblauchzehen, gepresst
1 TL Salz
etwas Pfeffer aus der Mühle, schwarz

Zubereitung
Wasser, Zucker und Hefe in den Mixtopf geben und 15 Sekunden Stufe 5. Nun die übrigen Teigzutaten hinzugeben und 2 Minuten auf Knetstufe vermengen.

Den Teig ausrollen und in ca. 4 cm dicke Streifen schneiden.

Die Zutaten für die Füllung miteinander vermengen und auf den Teig streichen. Wie eine Ziehharmonika zusammen falten und Streifen für Streifen nebeneinander in eine Auflaufform drapieren. Eine halbe Stunde gehen lassen. Den Backofen auf 200 Grad Ober- und Unterhitze vorheizen. Das Brot ca. 30 Minuten backen. Guten Appetit!

Schafskäse Thymian Faltenbrot

Zutaten

Teig
300 ml Wasser, lauwarm
1 TL Zucker
1 Würfel Hefe
2 TL Salz
40 g Öl
600 g Mehl

Füllung
100 g Schafskäse, gehackt
2 TL Thymian
100 g Olivenöl
1 TL Salz
2 Knoblauchzehen, gepresst

etwas Pfeffer aus der Mühle, schwarz

Zubereitung
Wasser, Zucker und Hefe in den Mixtopf geben und 15 Sekunden Stufe 5. Nun die übrigen Teigzutaten hinzugeben und 2 Minuten auf Knetstufe vermengen.

Den Teig ausrollen und in ca. 4 cm dicke Streifen schneiden.

Die Zutaten für die Füllung miteinander vermengen und auf den Teig streichen. Wie eine Ziehharmonika zusammen falten und Streifen für Streifen nebeneinander in eine Auflaufform drapieren. Eine halbe Stunde gehen lassen. Den Backofen auf 200 Grad Ober- und Unterhitze vorheizen. Das Brot ca. 30 Minuten backen. Guten Appetit!

Zucker Zimt Faltenbrot

Zutaten

Teig
300 ml Wasser, lauwarm
1 TL Zucker
1 Würfel Hefe
2 TL Salz
40 g Öl
600 g Mehl

Füllung
150 g Zucker
1 TL Zimt
200 g Butter, weich

Zubereitung
Wasser, Zucker und Hefe in den Mixtopf geben und 15 Sekunden Stufe 5. Nun die übrigen Teigzutaten hinzugeben und 2 Minuten auf Knetstufe vermengen.

Den Teig ausrollen und in ca. 4 cm dicke Streifen schneiden.

Die Zutaten für die Füllung miteinander vermengen und auf den Teig streichen. Wie eine Ziehharmonika zusammen falten und Streifen für Streifen nebeneinander in eine Auflaufform drapieren. Eine halbe Stunde gehen lassen. Den Backofen auf 200 Grad Ober- und Unterhitze vorheizen. Das Brot ca. 30 Minuten backen. Guten Appetit!

Vanille Butter Faltenbrot

Zutaten

Teig
300 ml Wasser, lauwarm
1 TL Zucker
1 Würfel Hefe
2 TL Salz
40 g Öl
600 g Mehl

Füllung
200 g Butter, weich
150 g Zucker
Mark von Vanilleschoten

Zubereitung
Wasser, Zucker und Hefe in den Mixtopf geben und 15
Sekunden Stufe 5. Nun die übrigen Teigzutaten
hinzugeben und 2 Minuten auf Knetstufe vermengen.

Den Teig ausrollen und in ca. 4 cm dicke Streifen
schneiden.

Die Zutaten für die Füllung miteinander vermengen und
auf den Teig streichen. Wie eine Ziehharmonika

zusammen falten und Streifen für Streifen nebeneinander in eine Auflaufform drapieren. Eine halbe Stunde gehen lassen. Den Backofen auf 200 Grad Ober- und Unterhitze vorheizen. Das Brot ca. 30 Minuten backen. Guten Appetit!

Marzipan Rosinen Faltenbrot

Zutaten

Teig
300 ml Wasser, lauwarm
1 TL Zucker
1 Würfel Hefe
2 TL Salz
40 g Öl
600 g Mehl

Füllung
1 Pck. Marzipanrohmasse
50 g Rosenwasser
150 g Butter, weich
70 g Rosinen
120 g Zucker

Zubereitung
Wasser, Zucker und Hefe in den Mixtopf geben und 15
Sekunden Stufe 5. Nun die übrigen Teigzutaten
hinzugeben und 2 Minuten auf Knetstufe vermengen.

Den Teig ausrollen und in ca. 4 cm dicke Streifen
schneiden.

Die Zutaten für die Füllung miteinander vermengen und auf den Teig streichen. Wie eine Ziehharmonika zusammen falten und Streifen für Streifen nebeneinander in eine Auflaufform drapieren. Eine halbe Stunde gehen lassen. Den Backofen auf 200 Grad Ober- und Unterhitze vorheizen. Das Brot ca. 30 Minuten backen. Guten Appetit!

Schokobutter Faltenbrot

Zutaten

Teig
300 ml Wasser, lauwarm
1 TL Zucker
1 Würfel Hefe
2 TL Salz
40 g Öl
600 g Mehl

Füllung
250 g Butter, weich
40 g Backkakao
200 g Zucker
1 Pck. Vanille Zucker
100 g Schokostreusel

Zubereitung
Wasser, Zucker und Hefe in den Mixtopf geben und 15
Sekunden Stufe 5. Nun die übrigen Teigzutaten
hinzugeben und 2 Minuten auf Knetstufe vermengen.

Den Teig ausrollen und in ca. 4 cm dicke Streifen
schneiden.

Die Zutaten für die Füllung miteinander vermengen und auf den Teig streichen. Wie eine Ziehharmonika zusammen falten und Streifen für Streifen nebeneinander in eine Auflaufform drapieren. Eine halbe Stunde gehen lassen. Den Backofen auf 200 Grad Ober- und Unterhitze vorheizen. Das Brot ca. 30 Minuten backen. Guten Appetit!

Erdnussbutter Bananen Faltenbrot

Zutaten

Teig
300 ml Wasser, lauwarm
1 TL Zucker
1 Würfel Hefe
2 TL Salz
40 g Öl
600 g Mehl

Füllung
150 g Erdnussbutter
100 g Butter, weich
50 g Honig
2 zerdrückte Bananen

Zubereitung
Wasser, Zucker und Hefe in den Mixtopf geben und 15
Sekunden Stufe 5. Nun die übrigen Teigzutaten
hinzugeben und 2 Minuten auf Knetstufe vermengen.

Den Teig ausrollen und in ca. 4 cm dicke Streifen
schneiden.

Die Zutaten für die Füllung miteinander vermengen und auf den Teig streichen. Wie eine Ziehharmonika zusammen falten und Streifen für Streifen nebeneinander in eine Auflaufform drapieren. Eine halbe Stunde gehen lassen. Den Backofen auf 200 Grad Ober- und Unterhitze vorheizen. Das Brot ca. 30 Minuten backen. Guten Appetit!

Limonaden

Erdbeer Weintrauben Limonade

Zutaten
8 Stängel Zitronenmelisse
300 g Erdbeeren
200 g Weintrauben
50 g Rohrohrzucker
600 g Mineralwasser
1 Prise Anis
Saft einer Zitrone
10 Eiswürfel

Zubereitung
Das Obst sorgfältig waschen. In den Mixtopf füllen und
auf Stufe 10 / 30 Sekunden fein zerkleinern. Die übrigen
Zutaten in den Mixtopf geben und nochmals 1 Minute /
Stufe 10. In ein hohes Gefäß umfüllen und kalt stellen.

Coole Beeren Limonade

Zutaten
300 g gefrorene Beerenmischung
100 g Heidelbeeren, ungefroren
50 g Rohrohrzucker
600 g Mineralwasser
Saft einer Zitrone
1 Prise Zimt

Zubereitung
Das Obst sorgfältig waschen. In den Mixtopf füllen und auf Stufe 10 / 30 Sekunden fein zerkleinern. Die übrigen Zutaten in den Mixtopf geben und nochmals 1 Minute / Stufe 10. In ein hohes Gefäß umfüllen und kalt stellen.

Kirsch Chili Limonade

Zutaten
300 g Kirschen
100 g Rohrohrzucker
600 g Mineralwasser
1 gute Prise Chili
Saft einer Zitrone
10 Eiswürfel

Zubereitung
Das Obst sorgfältig waschen. In den Mixtopf füllen und
auf Stufe 10 / 30 Sekunden fein zerkleinern. Die übrigen
Zutaten in den Mixtopf geben und nochmals 1 Minute /
Stufe 10. In ein hohes Gefäß umfüllen und kalt stellen.

Zitronen Ingwer Limonade

Zutaten
8 Stängel Zitronenmelisse
Saft von 2 Zitronen
2 cm Ingwer
80 g Rohrohrzucker
600 g Mineralwasser
100 g Orangensaft
10 Eiswürfel

Zubereitung
Das Obst sorgfältig waschen. In den Mixtopf füllen und auf Stufe 10 / 30 Sekunden fein zerkleinern. Die übrigen Zutaten in den Mixtopf geben und nochmals 1 Minute / Stufe 10. In ein hohes Gefäß umfüllen und kalt stellen.

Himbeer Limonade

Zutaten
400 g Himbeeren
50 g Rohrohrzucker
600 g Mineralwasser
Saft einer Zitrone
10 Eiswürfel

Zubereitung
Das Obst sorgfältig waschen. In den Mixtopf füllen und
auf Stufe 10 / 30 Sekunden fein zerkleinern. Die übrigen
Zutaten in den Mixtopf geben und nochmals 1 Minute /
Stufe 10. In ein hohes Gefäß umfüllen und kalt stellen.

Holunder Limonade

Zutaten
500 g Holunderbeeren
100 g Rohrohrzucker
800 g Mineralwasser
1 Prise Muskat
Saft einer Zitrone
10 Eiswürfel

Zubereitung
Das Obst sorgfältig waschen. In den Mixtopf füllen und
auf Stufe 10 / 30 Sekunden fein zerkleinern. Die übrigen
Zutaten in den Mixtopf geben und nochmals 1 Minute /
Stufe 10. In ein hohes Gefäß umfüllen und kalt stellen.

Indianische Ingwer Limonade

Zutaten
3 cm Ingwer
1 TL Pfeffer, ganz, weiß
1 Prise Salz
200 g Zucker
600 g Mineralwasser
200 g Apfelsaft
Saft von 6 Limetten
1 Birne
½ Bund Basilikum
10 Eiswürfel

Zubereitung
Das Obst sorgfältig waschen. In den Mixtopf füllen und auf Stufe 10 / 30 Sekunden fein zerkleinern. Die übrigen Zutaten in den Mixtopf geben und nochmals 1 Minute / Stufe 10. In ein hohes Gefäß umfüllen und kalt stellen.

Apfel Bananen Limonade

Zutaten
3 Bananen, geschält
100 g Rohrohrzucker
400 g Apfelsaft
400 g Mineralwasser
1 Prise Zimt
Saft einer Zitrone
10 Eiswürfel

Zubereitung
Das Obst sorgfältig waschen. In den Mixtopf füllen und
auf Stufe 10 / 30 Sekunden fein zerkleinern. Die übrigen
Zutaten in den Mixtopf geben und nochmals 1 Minute /
Stufe 10. In ein hohes Gefäß umfüllen und kalt stellen.

Erdbeer Pfeffer Limonade

Zutaten
300 g Erdbeeren
80 g Rohrohrzucker
600 g Mineralwasser
1 TL Pfefferkörner, schwarz
3 Pimentkörner
50 g Balsamico Essig
Saft einer Zitrone
10 Eiswürfel

Zubereitung
Das Obst sorgfältig waschen. In den Mixtopf füllen und auf Stufe 10 / 30 Sekunden fein zerkleinern. Die übrigen Zutaten in den Mixtopf geben und nochmals 1 Minute / Stufe 10. In ein hohes Gefäß umfüllen und kalt stellen.

Blaubeer Zimt Pfeffer Limonade

Zutaten
350 g Blaubeeren
½ TL Zimt
150 g Rohrohrzucker
600 g Mineralwasser
½ weißer Pfeffer, ganz
Saft einer Zitrone
10 Eiswürfel

Zubereitung
Das Obst sorgfältig waschen. In den Mixtopf füllen und
auf Stufe 10 / 30 Sekunden fein zerkleinern. Die übrigen
Zutaten in den Mixtopf geben und nochmals 1 Minute /
Stufe 10. In ein hohes Gefäß umfüllen und kalt stellen.

Minze Limonade

Zutaten
8 Stängel Minze
Saft von 6 Zitronen
1 Banane
150 g Rohrohrzucker
600 g Mineralwasser
1 Prise Kardamom
10 Eiswürfel

Zubereitung
Das Obst sorgfältig waschen. In den Mixtopf füllen und auf Stufe 10 / 30 Sekunden fein zerkleinern. Die übrigen Zutaten in den Mixtopf geben und nochmals 1 Minute / Stufe 10. In ein hohes Gefäß umfüllen und kalt stellen.

Brombeere Limonade

Zutaten
400 g Brombeeren
150 g Rohrohrzucker
600 g Mineralwasser
1 Prise Anis
Saft einer Zitrone
10 Eiswürfel

Zubereitung
Das Obst sorgfältig waschen. In den Mixtopf füllen und
auf Stufe 10 / 30 Sekunden fein zerkleinern. Die übrigen
Zutaten in den Mixtopf geben und nochmals 1 Minute /
Stufe 10. In ein hohes Gefäß umfüllen und kalt stellen.

Orange Kirsche Limonade

Zutaten
150 g Orangen, filetiert
350 g Kirschen, entsteint
150 g Rohrohrzucker
800 g Mineralwasser
Saft einer Zitrone
10 Eiswürfel

Zubereitung
Das Obst sorgfältig waschen. In den Mixtopf füllen und
auf Stufe 10 / 30 Sekunden fein zerkleinern. Die übrigen
Zutaten in den Mixtopf geben und nochmals 1 Minute /
Stufe 10. In ein hohes Gefäß umfüllen und kalt stellen.

Blaubeere Limonade

Zutaten
500 g Blaubeeren
100 g Rohrohrzucker
800 g Mineralwasser
1 Prise Muskat
Saft einer Zitrone
10 Eiswürfel

Zubereitung
Das Obst sorgfältig waschen. In den Mixtopf füllen und auf Stufe 10 / 30 Sekunden fein zerkleinern. Die übrigen Zutaten in den Mixtopf geben und nochmals 1 Minute / Stufe 10. In ein hohes Gefäß umfüllen und kalt stellen.

Sommergetränke

Ananasbowle

Zutaten
1 Ananas
2 Bananen
Saft von 2 Zitronen
100 g Zucker
800 g kaltes Mineralwasser
½ TL Anis, gemahlen

Zubereitung
Die flüssigen Zutaten in den Mixtopf geben und auf Stufe
3 / 20 Sekunden sanft vermischen. In ein großes Gefäß
umfüllen. Das Obst waschen und in Stücke schneiden. Zu
der Flüssigkeit geben und umrühren. Kalt stellen und
genießen.

Erdbeere Bananen Bowle

Zutaten
500 g Erdbeeren
2 Bananen
Saft von 2 Zitronen
130 g Zucker
800 g kaltes Mineralwasser

Zubereitung
Die flüssigen Zutaten in den Mixtopf geben und auf Stufe
3 / 20 Sekunden sanft vermischen. In ein großes Gefäß
umfüllen. Das Obst waschen und in Stücke schneiden. Zu
der Flüssigkeit geben und umrühren. Kalt stellen und
genießen.

Karotten Orangen Drink

Zutaten
600 g Karottensaft
2 Bananen
600 g Orangensaft
10 Eiswürfel

Zubereitung
Das Obst sorgfältig waschen. In den Mixtopf füllen und auf Stufe 10 / 30 Sekunden fein zerkleinern. Die übrigen Zutaten in den Mixtopf geben und nochmals 1 Minute / Stufe 10. In ein hohes Gefäß umfüllen und kalt stellen.

Gurken Pfefferminz Drink

Zutaten
2 Gurken, geschält
6 Stängel Pfefferminz
100 g Zitronensaft
½ TL Salz
800 g Joghurt

Zubereitung
Das Gemüse sorgfältig waschen. In den Mixtopf füllen und auf Stufe 10 / 30 Sekunden fein zerkleinern. Die übrigen Zutaten in den Mixtopf geben und nochmals 1 Minute / Stufe 10. In ein hohes Gefäß umfüllen und kalt stellen.

Bananen Pfirsich Drink

Zutaten
300 g Pfirsiche, geschält
80 g Rohrohrzucker
2 Bananen, geschält
800 g Orangensaft
10 Eiswürfel

Zubereitung
Das Obst sorgfältig waschen. In den Mixtopf füllen und
auf Stufe 10 / 30 Sekunden fein zerkleinern. Die übrigen
Zutaten in den Mixtopf geben und nochmals 1 Minute /
Stufe 10. In ein hohes Gefäß umfüllen und kalt stellen.

Melonen Limetten Drink

Zutaten
Fleisch einer halben kleinen Melone
Saft von 2 Limetten
800 g Bananensaft
10 Eiswürfel

Zubereitung
Das Obst sorgfältig waschen. In den Mixtopf füllen und
auf Stufe 10 / 30 Sekunden fein zerkleinern. Die übrigen
Zutaten in den Mixtopf geben und nochmals 1 Minute /
Stufe 10. In ein hohes Gefäß umfüllen und kalt stellen.

Sorbets

Melonen Sorbet

Zutaten
500 g Melonenfleisch
100 g Wasser
130 g Zucker
20 Eiswürfel

Zubereitung
Alle Zutaten in den Mixtopf geben und auf Stufe 10 / 30
Sekunden mischen. Alles nach unten schieben und
nochmals 10 Sekunden / Stufe 10.
Sofort servieren und genießen.

Erdbeere Himbeere Sorbet

Zutaten
250 g Erdbeeren
250 g Himbeeren
100 g Wasser
130 g Zucker
20 Eiswürfel

Zubereitung
Alle Zutaten in den Mixtopf geben und auf Stufe 10 / 30
Sekunden mischen. Alles nach unten schieben und
nochmals 10 Sekunden / Stufe 10.
Sofort servieren und genießen.

Grapefruitsorbet

Zutaten
500 g Grapefruit, geschält und filetiert
100 g Orangensaft
130 g Zucker
20 Eiswürfel

Zubereitung
Alle Zutaten in den Mixtopf geben und auf Stufe 10 / 30
Sekunden mischen. Alles nach unten schieben und
nochmals 10 Sekunden / Stufe 10.
Sofort servieren und genießen.

Rote Johannisbeere Sorbet

Zutaten
500 g rote Johannisbeeren
100 g Traubensaft
130 g Zucker
20 Eiswürfel

Zubereitung
Alle Zutaten in den Mixtopf geben und auf Stufe 10 / 30
Sekunden mischen. Alles nach unten schieben und
nochmals 10 Sekunden / Stufe 10.
Sofort servieren und genießen.

Orangen Sorbet

Zutaten
500 g Orangen, filetiert
100 g Orangensaft
130 g Zucker
20 Eiswürfel

Zubereitung
Alle Zutaten in den Mixtopf geben und auf Stufe 10 / 30
Sekunden mischen. Alles nach unten schieben und
nochmals 10 Sekunden / Stufe 10.
Sofort servieren und genießen.

Nachtrag zum Impressum

Copyright / Quellcode/ Photos

Shutterstock.com

everystockphoto.com
- ILoveButter
- Simon Doggett
- Life Supercharger

Pixelio.de
- Rolf Handke
- Maike Pantel
- manwalk

morguefile.com

Herstellung und Verlag: BoD - Books on Demand, Norderstedt
ISBN 978-3-7448-0118-8